Sebastian Maiwald

Personalbeschaffung

- Vorgehensweisen, Methoden, Probleme -

GRIN Verlag

Bibliografische Information der Deutschen Nationalbibliothek:

Die Deutsche Bibliothek verzeichnet diese Publikation in der Deutschen Nationalbibliografie; detaillierte bibliografische Daten sind im Internet über http://dnb.d-nb.de/ abrufbar.

Impressum:

Druck und Bindung: Books on Demand GmbH, Norderstedt Germany
ISBN: 978-3-640-55644-1

Württembergische
Verwaltungs- und Wirtschafts-Akademie

Personalbeschaffung

- Vorgehensweisen, Methoden, Probleme -

Seminararbeit

erstellt von:

Sebastian Maiwald

Sommersemester 2008

Studiengang:

Dienstleistungsmanagement

Abgabedatum: 25.06.2008

Inhaltsverzeichnis

Abbildungsverzeichnis

1 Einleitung

In den heutigen Zeiten der Globalisierung spielt die Personalbeschaffung eine zentrale Rolle für die Existenz des Unternehmens am Markt. Nur wer über die besten- und motiviertesten Mitarbeiter verfügt, der ist auch in der Lage, dem hohen Wettbewerb zu trotzen.

„Die Personalbeschaffung umfasst die Bereitstellung, der für das Unternehmen erforderlichen, Arbeitskräfte.“[1] Sozusagen besteht die Aufgabe darin, zu einem bestimmten Zeitpunkt, die erforderliche Anzahl an qualifizierten Mitarbeiter zu rekrutieren.[2]

Aber wann ist der richtige Zeitpunkt sich Gedanken darüber zu machen? Dazu zählen die Firmengründung und die Expansion. Gerade die Firmengründung ist in konjunkturschwachen Zeiten für viele Menschen eine gute Möglichkeit, die eigene Zukunft selbst aktiv zu gestalten. Doch die Gründung eines Unternehmens birgt immer ein hohes Risikopotenzial. Denn um das Ziel einer Unternehmensgründung erfolgreich zu erreichen, muss der Existenzgründer viele verschiedene Einzelschritte bedenken und bewältigen.[3] Bei der Expandierung muss man neue Arbeitsplätze schaffen, um wettbewerbsfähig zu bleiben, da man sich in verschiedenster Art und Weise vergrößert. Ein weiterer Punkt, wann man sich Gedanken über die Personalbeschaffung machen sollte, ist, wenn existierende Arbeitsplätze frei werden, bspw. durch Firmenwechsel oder Pensionierung. Darüber hinaus ist es von großer Wichtigkeit, sich im Vorhinein bewusst zu sein, ob man die benötigten Mitarbeiter unternehmensintern oder unternehmensextern sucht. Kenntnisse über den Arbeitsmarkt, die man durch Marktforschungsuntersuchungen erlangen kann, bringt das Unternehmen in eine bessere Position, da man die Ressourcen am Arbeitsmarkt kennt und daraufhin viel schneller reagieren kann. Die Entscheidung, für welche Form der Personalbeschaffung man sich entscheidet, ist abhängig von der Entscheidung des Betriebsrates, der Unternehmensleitung, der Personalabteilung, sowie der Belegschaft.[4]

---

[1] Hintzen, A. (2007), www.wi99.net (Stand: 24.05.2008)
[2] Vgl. Jung, H. (2002), S. 134
[3] Vgl. Hinten, A. (2007), www.wi99.net (Stand: 24.05.2008)
[4] Vgl. Jung, H. (2002), S. 134

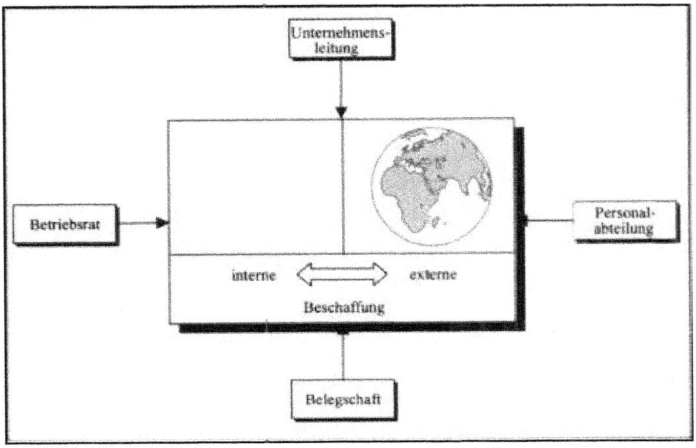

Abbildung 1: Personalpolitik im Einflussfeld diverser Interessengruppen[5]

In Betrieben mit i.d.R. mehr als 20 Mitarbeitern muss der Arbeitgeber den Betriebsrat vor jeder Einstellung, Eingruppierung, Umgruppierung und Versetzung unterrichten und ihm Auskunft geben.[6]Gegenstand dieser Arbeit wird die Charakterisierung der beiden Beschaffungsmethoden, hinsichtlich der Instrumente, Methoden und Probleme, sein. Weiterhin wird auf die Vor- und Nachteile interner- und externer Personalbeschaffung eingegangen.

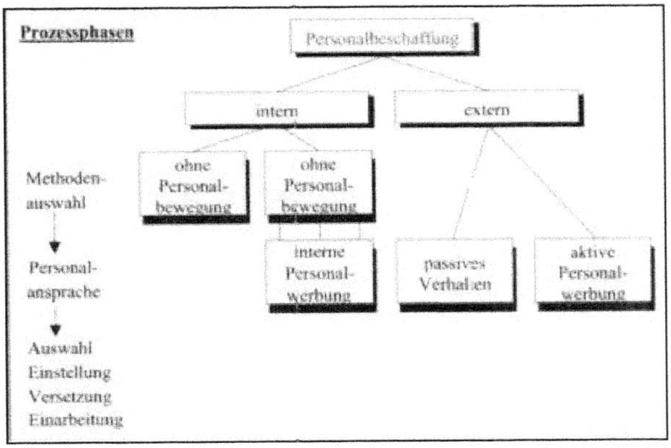

Abbildung 2: Schritte und Methoden der Personalbeschaffung[7]

Um sich die Entscheidung nach der adäquaten Beschaffungsmethode zu erleichtern, empfiehlt es sich im Voraus diverse Fragen zu stellen. Stellt der externe Arbeitsmarkt

[5] Enthalten in: Jung, H. (2002), S. 135
[6] Vgl., Nolden, R.-G.; Körner, P.; Bizer, E. (2004), S. 369
[7] Enthalten in: Bühner, R. (2005), S. 69

ausreichend potentielle Kandidaten zur Verfügung oder gibt es im eigenen Unternehmen Arbeitskräfte, die in der Lage sind, die betreffenden Stellen zu besetzten? Spricht etwas gegen Einen der beiden Beschaffungswege, möglicherweise aus finanzieller Sicht oder herrschen gar politische Restriktionen, die einen der beiden Beschaffungswege unmöglich machen?[8] Im Folgenden werden diese Fragen geklärt und auf diese o.g. Beschaffungsformen eingegangen.

2 Personalbeschaffung

2.1 Interne Beschaffung

Grundlegend beschäftigt sich diese Beschaffungsart mit der Suche nach dem benötigten Personal innerhalb des eigenen Unternehmens. Da die Anforderungskriterien bekannt sind, ist die Suche nach internen Mitarbeitern zeitsparend. Durch Einträge des Fähigkeits- und Fertigkeitsprofil in die jeweilige Personaldatei, ist man in der Lage, den geeigneten Kandidaten schnell und kostengünstig herauszufiltern.[9] Innerhalb der internen Beschaffung unterscheidet man zwischen der Personalbeschaffung mit- und ohne Personalbewegung, was die folgende Abbildung veranschaulicht. Ebenso zeigt diese Abbildung Beispiele beider Personalbewegungen, welche im Anschluss erläutert werden.

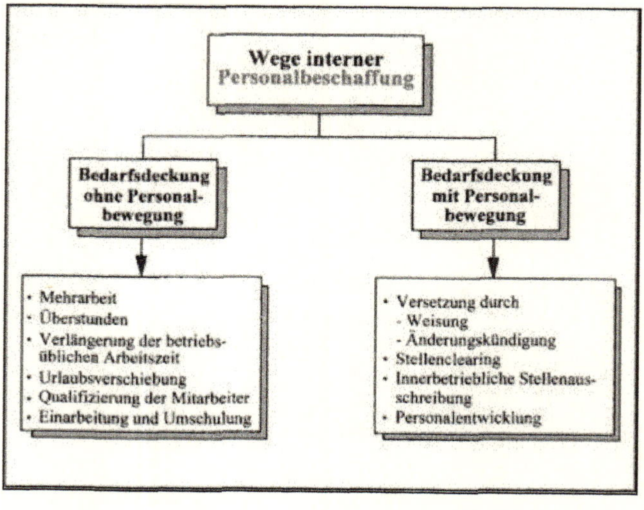

[8] Vgl. Bühner, R. (2005), S. 70
[9] Vgl. Peters, S.; Brühl, R.; Stelling, J.-N. (2005), S. 159

Abbildung 3: Wege interner Personalbeschaffung[10]

2.1.1 Bedarfsdeckung ohne Personalbewegung

Diese Form der Bedarfsdeckung empfiehlt sich, wenn kurzfristig mehr Arbeit zu bewältigen ist. Dies hat zur Konsequenz, dass die bestehenden Mitarbeiter stärker beansprucht werden, wodurch sowohl gesundheitliche, als auch soziale Folgen nicht auszuschließen sind. Der Vorteil hierbei liegt darin, dass durch die steigende Qualifizierung der Mitarbeiter zunehmend für das Unternehmen attraktiver und unentbehrlicher wird. Somit sind Aufstiegsmöglichkeiten und Gehaltserhöhung nicht auszuschließen.[11] Wie man Abbildung 3 entnehmen kann, gibt es verschiedene Formen der Bedarfsdeckung ohne Personalbewegung, worauf nun eingegangen wird.

2.1.1.1 Überstunden/ Mehrarbeit

Indem man seine Mitarbeiter zu Mehrarbeit auffordert oder diese Ihnen ermöglicht, kann man seine Bedarfsspitzen kurzzeitig decken. Das Arbeitsrecht regelt, in welchem Rahmen Überstunden anfallen dürfen und bis wann und wie sie wieder abgebaut werden müssen. Für den betroffenen Mitarbeiter kann dies einerseits einen finanziellen Nutzen mit sich bringen, andererseits aber auch einen sozialen- und gesundheitlichen Nachteil.[12] Man vermeidet dadurch zusätzliche Neueinstellungen, ist aber dennoch an Bestimmungen, Gesetze, Tarifverträge und Betriebsvereinbarungen strikt gebunden.[13]

2.1.1.2 Qualifizierung des Mitarbeiters

Entscheidet man sich für diese Methode, dann steigert man die Attraktivität des Mitarbeiters, in dem man Ihn weiterbildet, um das aufgetretene Problem zu bewältigen. Die Methode ist verbunden mit finanziellen Zusatzausgeben und stellt für den Mitarbeiter eine Steigerung seines derzeitigen Marktwertes dar. Sozusagen wird nicht die Zahl der Mitarbeiter erhöht, sondern deren Qualifikation, um zu quantitativ und qualitativ hochwertigeren Arbeitsresultaten zu gelangen. Dadurch kann man seinen Mitarbeitern schwierigere Aufgaben übertragen.[14]

---

[10] Enthalten in: Jung, H. (2002), S. 137
[11] Vgl. Hintzen, A. (2007), www.wi99.net (Stand: 24.05.2008)
[12] Vgl. Jung, H. (2002), S. 137
[13] Vgl. Nolden, R.-G.; Körner, P.; Bizer, E. (2004), S. 369
[14] Vgl. Jung, H. (2002), S. 134

2.1.1.3 Verlängerung der betrieblichen Arbeitszeit

Durch Verlängerung oder Anpassung der betrieblichen Nachfrage, versucht man saisonale Bedarfsschwankungen aufzufangen. Häufig anzutreffen ist diese Methode in Zeiten der Erdbeerernte oder des Weihnachtsgeschäfts.[15]

2.1.1.4 Verschiebung von Urlaub

Gibt man seinen Mitarbeitern bei der Einstellung klare Angaben, wann man seinen Urlaub zu nehmen hat, ist man als Unternehmer im Vorteil, da man immer so planen kann, dass in der Hauptsaison die Höchstzahl erforderlicher Mitarbeiter anwesend ist, um die zunehmende Nachfrage zu befriedigen.[16]

2.1.2 Bedarfsdeckung mit Personalbewegung

Im Gegensatz zur Bedarfsdeckung ohne Personalbewegung, werden die Stellen hier durch einen Stellenwechsel innerhalb des Unternehmens gedeckt. [17]

2.1.2.1 Versetzung

Von der Versetzung wird i.d.R. am häufigsten Gebrauch gemacht. Grundlegende Ursachen können organisatorische Änderungen, Rationalisierungsmaßnahmen, Ausfälle von Kollegen oder der Streit zwischen Kollegen und Vorgesetzten sein. Bei einer Versetzung wird einem Mitarbeiter eine andere Stelle im Unternehmen zugewiesen. Diese neue Stelle kann, abhängig vom Versetzungsgrund, mit einer Verbesserung oder Verschlechterung verbunden sein.[18]

2.1.2.2 Stellenclearing

Von Stellenclearing spricht man, wenn ein Informationsaustausch zwischen Führungskraft und Mitarbeiter der Personalabteilung stattfindet, mit dem Ziel der Identifizierung potentieller Kandidaten für die gesuchte Stelle. Der Vorteil liegt darin, dass Führungskräfte das Potential Ihrer Mitarbeiter einschätzen können.[19] Ein Nachteil jedoch kann sein, dass der Mitarbeiter einen potentiell guten Kandidaten, aufgrund

---

[15] Vgl. Bühner, R. (2005), S. 71
[16] Vgl. Bühner, R. (2005), S. 71
[17] Vgl. Resatsch, F. (2007), www.resatsch.de (Stand: 24.05.2008)
[18] Vgl. Nolden, R.-G.; Körner, P.; Bizer, E. (2004), S. 369
[19] Vgl. Bühner, R. (2005), S. 139

von persönlichen Differenzen, der Führungskraft nicht vorstellt, und somit die Stelle nicht perfekt besetzt wird.

2.1.2.3 Innerbetriebliche Stellenausschreibung

Häufig kommt es vor, dass Unternehmen freie Stellen innerbetrieblich ausschreiben. Das liegt oft daran, dass das Gesetz eine innerbetriebliche Stellenausschreibung nach §5 Abs. 3 BetrVG vorschreibt. Ausgenommen sind jedoch Stellen leitender Angestellter. Der Grundgedanke besteht in der Chancengleichheit im innerbetrieblichen Arbeitsmarkt.[20]

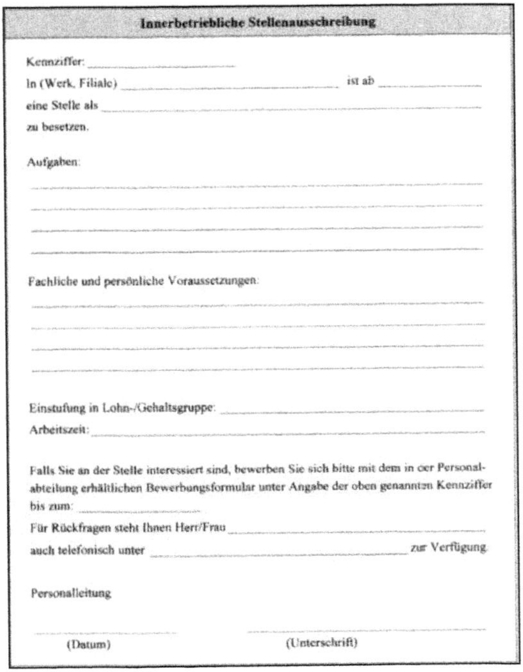
Innerbetriebliche Stellenausschreibung

Kennziffer: ____________

In (Werk, Filiale) ____________ ist ab ____________

eine Stelle als ____________

zu besetzen.

Aufgaben:

Fachliche und persönliche Voraussetzungen:

Einstufung in Lohn-/Gehaltsgruppe: ____________

Arbeitszeit: ____________

Falls Sie an der Stelle interessiert sind, bewerben Sie sich bitte mit dem in der Personalabteilung erhältlichen Bewerbungsformular unter Angabe der oben genannten Kennziffer bis zum: ____________

Für Rückfragen steht Ihnen Herr/Frau ____________

auch telefonisch unter ____________ zur Verfügung

Personalleitung

(Datum) (Unterschrift)

Abbildung 4: Formular zur innerbetrieblichen Stellenausschreibung[21]

Parallel zu dieser Stellenausschreibung kann auch eine externe Personalbeschaffungsmaßnahme getätigt sein. Es gibt jedoch nicht nur diesen formalen Teil der Stellenausschreibung, sondern es gibt zusätzlich noch die Möglichkeit, derartige Stellensuchangebote im unternehmensinternen Intranet zu publizieren.

---

[20] Vgl. Jung, H. (2002), S. 918
[21] Enthalten in: Jung, H. (2002), Personalwirtschaft, Seite 141

2.1.2.4 Personalentwicklung

Das Unternehmen ermöglicht seinen Mitarbeitern eine Berufsausbildung oder Umschulungen, um diese mit neuem Know-how auszustatten.[22] Darüber hinaus unterscheidet man zwischen kurz-, mittel- und langfristiger Personalentwicklung.[23]

2.1.3 Vorteile interner Beschaffung

Der wahrscheinlich größte Vorteil liegt seitens des Arbeitgebers, da dieser mit relativ wenig Aufwand und Kosten, die zu besetzende Stelle ausfüllen kann. Kosten die dem Arbeitgeber entstehen, fallen auf Überstunden und Qualifizierungsmaßnahmen an und sind vergleichsmäßig gering. Ist ein Mitarbeiter davon im Bilde, dass eine neue, höherwertige Stelle frei wird, hat die interne Beschaffung weiterhin eine Motivationswirkung, da der Mensch stets bestrebt ist, das Beste zu bekommen. Das Unternehmen kann den Mitarbeiter dadurch auch an sich binden, da es ihm eine Verbesserung seiner finanziellen Lage ermöglicht. Ebenso sollte man sich hierfür entscheiden, wenn die Stelle, so schnell wie möglich besetzt werden soll. Da es hierbei um eigene Mitarbeiter geht, entfällt die Durchführung von Eignungstest, Vorstellungsgesprächen oder Assessment Centern.[24] Des Weiteren ist es oft von Vorteil, dass ein bestehender Mitarbeiter das Unternehmen- und alle Prozesse kennt. In Großunternehmen mir einer komplexen Unternehmensstruktur ist es für neue Mitarbeiter häufig schwierig sich in alle Prozesse einzuarbeiten.

2.1.4 Nachteile interner Beschaffung

Die interne Beschaffung kann einem Unternehmen aber auch zum Verhängnis werden, da man durch Betriebsblindheit seine Wettbewerbsfähigkeit verlieren kann. Dies bedeutet, wenn ein Unternehmen nur die Stellen intern mit unqualifizierten Mitarbeitern besetzt, allein um Kosten zu sparen, fährt man auf lange Sicht weniger Umsätze ein. Häufig kommt es zudem noch vor, dass die Versetzung zwar motivierend wirkt, der Mitarbeiter sich aber in seiner neuen Rolle nicht zurecht findet und somit dem Unternehmen letztendlich schadet.

---

[22] Vgl. Bühner, R. (2005), S. 71
[23] Vgl. Jung, H. (2002), S. 142
[24] Vgl. Bühner, R. (2005), S. 70

Auch wenn man in der Lage ist Kosten zu sparen, können die Personalentwicklungskosten häufig ungeplante Höhe erreichen.[25] Bewirbt sich ein Mitarbeiter auf eine interne Stellenausschreibung und wird daraufhin abgelehnt, löst dieser Misserfolg häufig Deprimierung aus. Diese Deprimierung wirkt sich gleichzeitig auf die Produktivität desjenigen aus, wodurch schlussendlich das Unternehmen leidet. Bei der Versetzung spielt häufig Sympathie eine Rolle, welche aber dazu führen kann, dass der falsche Kandidat die Stelle besetzt. Dadurch entsteht ein Gefühl von Neid.[26]

2.2 Externe Beschaffung

Kann der benötigte Personalbedarf intern nicht gedeckt werden, so bezieht man sich hierbei auf den externen Arbeitsmarkt. Bei der externen Personalbeschaffung spielt die zeitliche Planung eine große Rolle, da alles innerhalb eines temporären Rahmens von statten gehen soll. Dieser Rahmen ist abhängig von der Zielgruppe, da die Beschaffungsdauer für höher qualifiziertes Personal tendenziell höher ist, als für Mitarbeiter mit weniger Qualifikationen..[27] Wichtigstes Ziel ist es, eine ausreichend große Anzahl an geeigneten Bewerbern zu erhalten. Um dies zu gewährleisten sollte ein Unternehmen vorab Imagepflege betreiben, um Bewerber für das Unternehmen begeistern zu können. Dies betreibt man häufig auf Messen, dem Tag der offenen Tür oder bei Vorlesungen an Universitäten.[28]

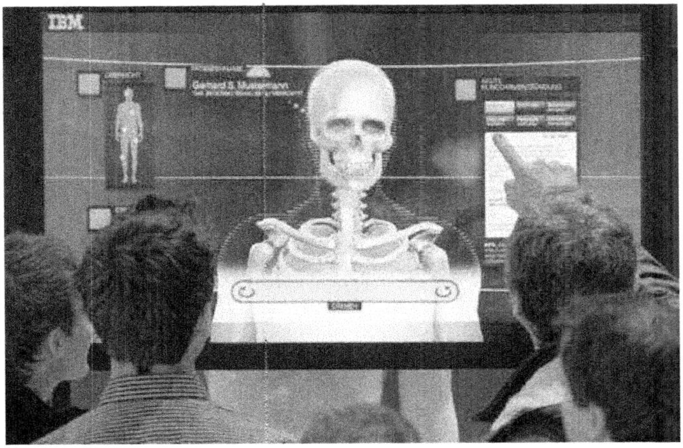

[25] Vgl. Bühner, R. (2005), S. 70
[26] Vgl. Kube, D. A. (2007), S. 24
[27] Vgl., Jung, H. (2006), S. 919
[28] Vgl., Peters, S.; Brühl, R.; Stelling, J.-N. (2005), S. 159

Abbildung 5: Messestand der IBM Deutschland bei der Cebit 2008[29]

Bei der Auswahl von Maßnahmen externer Personalbeschaffung sind die Dringlichkeit des Bedarfs, die finanziellen Mittel und die Arbeitsmarktlage prinzipiell zu berücksichtigen.[30]

Arbeitsmarktsituation		gespannt	entspannt
Dringlichkeit des Bedarfs		wenig dringlich	sehr dringlich
Finanzielle Möglichkeiten		knappes Budget	gute Ausstattung keine Budgetvorgaben
Art und Einsatz der Beschaffungsinstrumente	Art	passives Verhalten	aktive Personalwerbung
	räumliche Ausdehnung der Suche	eng	weit
	Kriterium der Medienauswahl	1) Preis 2) Reichweite	1) Reichweite 2) Kontaktqualität

Abbildung 6: Determinanten des Beschäftigungsverhaltens[31]

Je nach Ausprägung dieser Faktoren ist ein eher passives Verhalten oder eine aktive Personalwerbung vorzuziehen.

2.2.1 Passive Beschaffung

„Sie erfolgt durch die Bearbeitung und Archivierung eingehender Initiativ- bzw. Blindbewerbungen. Werbung ist im Rahmen der passiven Personalbeschaffung lediglich auf eine Verbesserung der Unternehmensreputation ausgelegt, um dieses für qualifizierte Bewerber interessanter zu machen."[32]

2.2.1.1 Arbeitsverwaltung

Die Arbeitsverwaltung vermittelt den Unternehmen Arbeitskräfte, indem es auf Daten der Arbeitsämter oder Arbeitsvermittlungen zurückgreift. Dieser Weg wird vor allem für die Beschaffung von un- und angelernten Kräften genutzt und ist sehr beliebt bei Handwerksunternehmen.[33]

---

29 Enthalten in: Fokus (2008), www.focus.de, (Stand: 24.05.2008)
30 Vgl. Bühner, R. (2005), S. 72
31 Enthalten in: Bühner, R. (2005), S. 72
32 Vgl. Jung, H. (2002), S. 144
33 Vgl. Jung, H. (2002), S. 144

2.2.1.2 Blinde Bewerbung

Eine blinde Bewerbung ist äußerlich gleich der Bewerbung auf ein Annonce, nimmt aber keinen Bezug auf eine spezielle Stellenausschreibung, d.h. der Bewerber weiß bei Absenden der Bewerbung nicht, ob der potentielle Arbeitgeber überhaupt eine Stelle anbietet. Man hat aber immer die Chance etwas zu bekommen, da man nicht jede Stelle extern offeriert.[34]

2.2.1.3 Bewerberkartei

Hat ein Unternehmen zu früherem Zeitpunkt eine Bewerbung blind oder auf ein Stellenangebot erhalten, welche attraktiv war, aber zu keiner Einstellung führte, hat man, wenn man die Bewerbung aufbewahrt, zu einem späteren Zeitpunkt die Möglichkeit darauf zurückgreifen. Häufig werden die Bewerber kontaktiert und wissen im ersten Moment gar nicht, worum es sich handelt, da seit der Bewerbung eine geraume Zeit vergangen ist und man sich mit der Absage bereits abgefunden hatte. Der Rückgriff auf Bewerberkarteien findet dann statt, wenn kurzfristig eine Arbeitsstelle frei wird, und man im Hinterkopf die aufgehobenen Bewerbungen hat. Diese Methode ist häufig im Gastronomiegewerbe anzutreffen. Gleichzeitig kann auch der Rückgriff auf frühere Aushilfsköche oder Kellner gemeint sein, die bereits einen guten Eindruck hinterlassen haben.

2.2.1.4 Personalleasing

Bei der Arbeitnehmerüberlassung wird ein Arbeitnehmer, von seinem Arbeitgeber, einem Dritten zur Arbeitsleistung überlassen.[35] Personalleasingfirmen beschäftigen Arbeitnehmer, die in Fällen, wie Urlaub, Krankheit oder bei kurzfristigen Aufträgen, für höchstens 2 Jahre, anderen Firmen aufgrund eines Arbeitnehmerüberlassungsvertrages, als Leiharbeitnehmer beschäftigt sind. Das Leihpersonal kommt dem Entleiher günstiger als eine Neueinstellung.[36] Auch diese Methode erfreut sich großer Beliebtheit im Handwerksunternehmen, da hier häufig von einem Tag auf den anderen große Aufträge vergeben werden und dann Personal schnellstmöglich benötigt wird.

[34] Vgl. Jung, H. (2002), S. 144
[35] Vgl. Jung, H. (2002), S. 144
[36] Vgl. Nolden, R.-G.; Körner, P.; Bizer, E. (2004), S. 370

2.2.1.5 Werkvertrag

Lt. §§631 ff. BGB schuldet bei einem Werkvertrag der Unternehmer dem Besteller die Herstellung eines Werkes, d.h. die Herbeiführung eines bestimmten Erfolges körperlicher- oder nichtkörperlicher Art und der Besteller als Gegenleistung dem Unternehmer den Werklohn.[37]

2.2.2 Aktive Beschaffung

Die aktive Personalwerbung bezeichnet alle Organisationsstrategien zur Steigerung der Arbeitsplatzattraktivität, um permanent über qualifizierte Arbeitskräfte zu verfügen. Diese Methode ist sehr geläufig bei Mängeln des Bedarfs an qualifizierten Mitarbeitern. Dadurch besteht die Aufgabe darin, in kritischen Beschaffungssituationen, den Arbeitsmarkt über einen konkreten Personalbedarf zu informieren, um Rückmeldungen i.F.v. Bewerbungen anzuregen. Diese Aufgabe umfasst die Auswahl geeigneter Werbeträger, Werbemittel und der inhaltlichen Gestaltung von Werbemaßnahmen.[38]

2.2.2.1 Stellenanzeige

Die wahrscheinlich bekannteste Form der aktiven Beschaffung ist die Stellenanzeige. Diese kann entweder durch den Bewerber oder das Unternehmen auf diversen Printträgern veröffentlicht werden. Stellenangebote können mit Hilfe von Plakaten, Handzetteln oder Beilagen in Zeitschriften einem breiteren Personenkreis näher gebracht werden.

---

[37] Vgl. Jung, H. (2002), S. 145
[38] Vgl. Bühner, R. (2005), S. 73

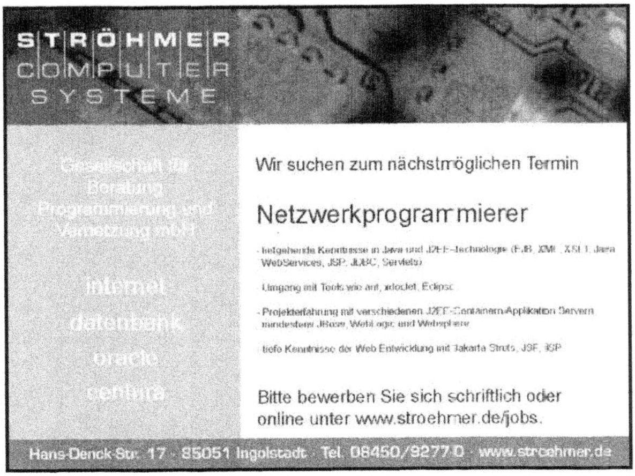

Abbildung 7: Stellenanzeige zum Netzwerkprogrammierer[39]

2.2.2.2 Einsatz neuer Kommunikationsmethoden

Was weiterhin beliebt bei Arbeitgebern ist, ist der Einsatz neuer Kommunikationstechniken, d.h. die Rekrutierung über andere Plattformen, außer der klassischen Stellenanzeige. Seit einigen Jahren haben sich Online Stellenbörsen stark etablieren können. Diese Anzeigen sind für den Arbeitgeber bei der Einrichtung kostenpflichtig, für den Bewerber allerdings kostenlos. Die Bewerbung erfolgt per E-Mail oder einem vorgedrucktem Formular.

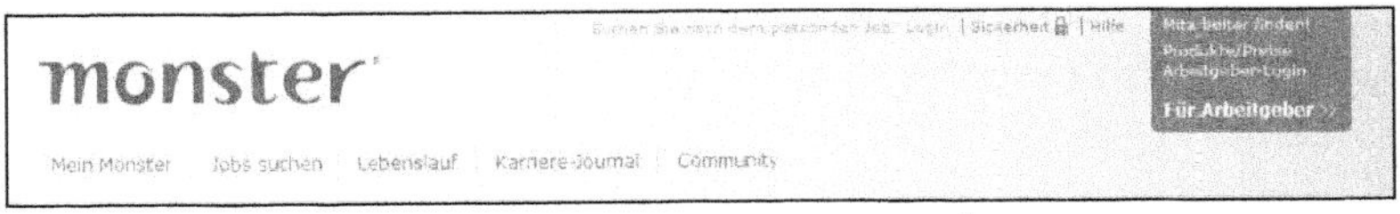

Abbildung 8: Deutschlands beliebteste Online Stellenbörse[40]

Der Vorteil derartiger Stellenbörsen liegt darin, dass diese Seiten täglich unzählige Male besucht werden, sehr bekannt sind, und für viele Unternehmen kostengünstig und zeitsparend sind. Gerade kleine Firmen nutzen diesen Service. Die meisten Inserate betreffen Unternehmen, die Hochschulabsolventen und gut ausgebildete Fachkräfte suchen, aber nur wenig Zeitaufwand für die Personalbeschaffung dabei aufwenden.

---

39 Enthalten in: Ströhmer, www.stroehmer.de, (Stand: 24.05.2008)
40 Enthalten in: Monster, www.monster.de, (Stand: 24.05.2008)

2.2.2.3 Personalberater
Als Personalberater wird bezeichnet, wer gewerbsmäßig offene Stellenangebote akquiriert, ein Besetzungsbild anfertigt, dieses mit vorhandenen Bewerbern abgleicht, ein Profiling durchführt und versucht, Anbieter und Nachfrager zu einem Vertragsabschluss für ein Beschäftigungsverhältnis zu führen.[41] Diese Personalvermittler sind besonders geläufig bei der Suche nach Mitarbeiter der höheren Hierarchieebene, d.h. bei der Besetzung von Führungspositionen. Diese Dienstleistung reicht von der Erarbeitung einer Stellenanzeige bis hin zur Einstellung des Bewerbers. Ein Personalberater wird der Investition i.d.R. gerecht, da er sich durch einen hohen Erfahrungsschatz auszeichnet. Dadurch sinkt das Risiko der Fehleinstellung.[42]

2.2.2.4 College Recruiting
College Recruiting beschreibt die Werbung von Unternehmen an Hochschulen und Schulen. Dabei wirbt man i.F.v. Fachvorträgen oder Firmenpräsentationen. Die IBM ist dabei eines der Unternehmen, die diese Sparte frühzeitig erkannt haben. Hier schicken sie BA-Studenten zu Schulen, um dort einen Vortrag über die Ausbildung bei zu halten.

Abbildung 9: IBM Connect2School

2.2.2.5 Anwerbung durch Betriebsangehörige
Das Motto dieses Beschaffungsmaßnahme lautet: „Mitarbeiter suchen Mitarbeiter". Das Ziel ist die Schaffung eines besseren Betriebsklima. Jedoch ist dies nicht sehr häufig anzutreffen, da eine Führungskraft es nicht jedem Mitarbeiter recht machen kann.

2.2.3 Vorteile der externen Beschaffung
Zu den Vorteilen der externen Beschaffung zählt in erster Linie die breite Auswahlmöglichkeit an potentiellen Kandidaten. Aus dieser Masse an Bewerbern hat man dann eine weitaus größere Chance den Richtigen herauszufiltern. Weiterhin bringt eine neue Person immer neue Impulse und Ideen mit ein, was die Produktivität und Wettbewerbsfähigkeit enorm steigern kann. Dadurch, dass man sich den Besten und nicht Erstbesten ausgesucht hat, wird der qualitative- und quantitative Bedarf

[41] Vgl. Böck, R. (2001), S. 62
[42] Vgl. Bühner, R., (2005), S. 73

schnellstmöglich gedeckt.[43] Darüber hinaus wird die Betriebsblindheit vermieden und die Wettbewerbsfähigkeit gesteigert. Bei der Auswahl von ausgebildeten Mitarbeitern, spart man sich die Kosten für Fortbildung mitunter, da diese Kandidaten häufig über das gesuchte Fähigkeitsprofil verfügen.

2.2.4 Nachteile der externen Beschaffung

Die externe Beschaffung ist für den Unternehmer sehr zeitaufwendig und verbunden mit hohen Ausgaben. Zusätzlich zu den hohen Beschaffungskosten sind die Gehälter für Neueinsteiger tendenziell höher, als die Gehälter der bestehenden Mitarbeiter. Dadurch kommt es oft zu Neidsituationen seitens der Kollegen.[44] Einer der Vorteile der internen Beschaffung lag wie oben erwähnt in der Steigerung der Produktivität durch die internen Aufstiegsmöglichkeiten. Da dies bei dieser Methode nicht gefördert wird, steigert man eher die Demotivation, als die Motivation, im Hinblick auf die bestehenden Mitarbeiter.[45] Nicht nur die internen Aufstiegsmöglichkeiten werden blockiert, sondern auch die Förderung des eigenen Nachwuchses.[46] Oft kommt es zudem vor, dass es dem neuen Mitarbeiter, gerade aufgrund dieser Neidsituationen, schwer gemacht wird, sich in das neue Team richtig einzugliedern. Diese Tatsache mindert wiederum die Produktivität im gesamten Team.[47] Hat sich der Unternehmer für diese externe Personalbeschaffung letztendlich entschieden, läuft man immer Gefahr, dass die Erwartungen, die in den neuen Mitarbeiter gesteckt sind, nicht erfüllt werden. D.h. es besteht immer die Gefahr, dass sich der neue Mitarbeiter um eine Fehlinvestition verhandelt.[48]

3. Fazit

Bei der Besetzung freiwerdender Stellen im Unternehmen liegt, aufgrund der Kosten und des geringeren Risikos, die interne Beschaffung im Vorteil, verglichen mit der externen Beschaffung. Zusätzlich profitieren die Mitarbeiter insofern, dass Ihnen durch Kettenbeförderungen Aufstiegschancen geboten werden. Dadurch entsteht

---

[43] Vgl. Bühner, R. (2005), S. 70
[44] Vgl. Bühner, R. (2005), Seite 70
[45] Vgl. Bühner, R. (2005), Seite 70
[46] Vgl. Bühner, R. (2005), Seite 71
[47] Vgl. Bühner, R. (2005), Seite 71
[48] Vgl. Bühner, R. (2005), Seite 70

jedoch recht häufig die Gefahr von Neidfaktoren und dem Mangel an anderweitigen Erfahrungen, welche häufig unternehmensfremd sind. Die Entwicklung neuer Strategien muss eigenhändig geschehen und kann nicht durch das Erfahrungspool neuer Mitarbeiter beschleunigt werden. Die Auswahlmöglichkeit bei der internen Besetzung ist natürlich auf die Mitarbeiter beschränkt, hingegen bei der externen Beschaffung steht theoretisch der gesamte Markt zur Verfügung.

Beförderungsautomatismen lähmen zudem Kreativität und Motivation, die besonders bei Technologie-Unternehmen unabdingbar sind. Letzten Endes muss der Einzelfall entscheiden, welches Verfahren bevorzugt wird und jeder muss für sich die Methode wählen, die der jeweiligen Stelle am geeigneten erscheint. Grundlegend empfiehlt sich die externe Beschaffung gerade bei der Besetzung von Führungskräften, aber auch bei der Neuausrichtung eines Unternehmens.

Daher lässt sich schlussendlich nicht herauskristallisieren, für welche Methode man sich eher entscheiden sollte. Es hängt immer von der Situation ab, denn jede Methode hat ihre Vor- und ihre Nachteile.

4. Quellenverzeichnis

Literaturverzeichnis

Böck, R. (2001): Personalmanagement. Wirtschafts- und Sozialwissenschaftliches Repetitorium, 2001.

Bühner, R. (2005): Personalmanagement, 3. Auflage, 2005.

Jung, H. (2002): Personalwirtschaft, 7. Auflage, 2002.

Jung, H. (2006): Allgemeine Betriebswirtschaftslehre, 10. Auflage, 2006.

Kube, D. A. (2007): Die Entscheidung der Firmen über den Arbeitseinsatz: intern vs. extern, 2007.

Nolden, R.-G.; Körner, P.; Bizer, E. (2004): Industriebetriebslehre. Management betrieblicher Prozesse, 2004.

Peters, S.; Brühl, R.; Stelling, J. N. (2005): Betriebswirtschaftslehre, 12. Auflage, 2005.

Internetverzeichnis

Hintzen, A.(2007): Personalwesen, http://www.wi99.net/semi/skripte/semester3_personalwesen.pdf, (24.05.2008).

Resatsch, F. (2007): Personalbeschaffung, http://www.resatsch.de/download/pw_hausarbeit_SS2000.pdf, (24.05.2008)